SOUVENIR

DE LA

BATAILLE D'HÉRICOURT

15, 16 ET 17 JANVIER 1871.

BESANÇON,

IMPRIMERIE ET LITHOGRAPHIE DE J. JACQUIN,

Grande-Rue, 14, à la Vieille-Intendance.

1872.

SOUVENIR

DE LA

BATAILLE D'HÉRICOURT,

15, 16 ET 17 JANVIER 1871.

CÉRÉMONIE FUNÈBRE.

La bataille d'Héricourt fut le dernier grand effort de l'armée française, et depuis longtemps on attendait le jour où l'on honorerait d'une manière solennelle la mémoire des soldats tombés dans ces journées mémorables.

Le mercredi 10 juillet a été choisi pour cette cérémonie, et c'est dans l'église de la ville que s'était donné rendez-vous le public d'élite chargé d'exprimer les regrets et les sympathies de la France pour ceux qui sont morts en la défendant.

Dès mardi soir et mercredi matin, en visitant ce champ de bataille qui nous est familier, nous avons rencontré quelques-uns des principaux invités, parcourant ces lieux où plusieurs d'entre eux avaient combattu et versé leur sang. Du côté de Coisevaux, c'était le brave général Pallu de la Barrière, tout entier à ses souvenirs, et se promenant triste et pensif à travers les champs où campait sa vaillante troupe de réserve. Plus près d'Héricourt, à Byans, ce sont trois officiers des mobiles du Jura reconnaissant l'endroit où l'un d'eux est tombé, la poitrine percée d'une balle. Au cimetière, c'était M. le président Clerc, le meilleur historien de notre Franche-Comté, dessinant le monument élevé sur la fosse où reposent les victimes tombées sur le territoire d'Héricourt.

Dans la matinée, les trains venant de Delle, Besançon, Belfort et Vesoul, amènent une foule considérable d'invités et de curieux. Les maisons principales de la ville sont pavoisées de drapeaux ornés de crêpes noirs et de couronnes d'immortelles, la multitude est en habits de fête, et tout se prépare pour la cérémonie, qui commence à dix heures.

A ce moment, le cortége sort de l'hôtel de ville, précédé par l'excellente fanfare de la Roche (près Audincourt, Doubs), dont la bannière chargée de médailles obtenues dans les concours publics raconte éloquemment l'habileté et les succès. Derrière les quarante-cinq exécutants, qui jouent une marche funèbre, s'avance un groupe nombreux, à la tête duquel on remarque M. le général de Vouges, commandant la Haute-Saône et la Haute-Marne, délégué du ministre de la guerre, M. de Bardonnet, préfet de la Haute-Saône, le général Pallu de la Barrière, le lieutenant-colonel Godefroy, du 30e de ligne, les commandants Michaud, de Vaulchier et Papillard, des mobiles du Jura, survivants de la bataille, le chef d'escadron Bouquet, commandant l'artillerie pendant le siége de Belfort, et une foule d'autres officiers de l'armée, des mobiles de la Haute-Saône, du Haut-Rhin, du Doubs, de la garde nationale de Belfort, avec des soldats de toutes armes et de tout âge, ayant pour la plupart combattu pendant les trois terribles journées, et dont plusieurs étaient mutilés ou amputés.

L'élément civil était représenté par le maire et le conseil municipal d'Héricourt, l'honorable juge de paix M. Lubert, M. Noblot, membre du conseil général, les habitants les plus recommandables de la ville et des environs, les parents des victimes, et des étrangers de distinction, invités à divers titres, comme M. le vicomte René de Vaulchier, M. le président Clerc, M. Chavanne, sous-préfet de Baume, M. Emile Desloye, membre du conseil général pour Champagney, etc.

L'église était tendue de noir, pavoisée de drapeaux et ornée d'inscriptions rappelant les lieux où les victimes ont combattu et sont inhumées. Notons, au sujet des drapeaux, que les Prussiens, qui ont amené plus de soixante canons cette semaine à

Belfort, n'ont pas voulu en laisser sortir cinquante drapeaux tricolores demandés pour la circonstance pour l'église d'Héricourt. Il a fallu en faire venir de Dijon.

La cérémonie religieuse était présidée par M. Perrin, vicaire général du diocèse, délégué de Mgr le cardinal archevêque de Besançon. En face de lui, on voyait, dans le chœur, Mgr Bastide, camérier de Pie IX, si connu de tous les soldats français qui ont habité Rome. Autour de ces deux dignitaires, étaient rangés trente curés des cantons d'Héricourt, Montbéliard et Villersexel, presque tous éprouvés par la guerre et victimes de ses rigueurs.

A la messe, célébrée par le curé d'Héricourt, les chants plaintifs de l'orgue accompagnant le chœur alternent avec les sons lugubres de la fanfare placée dans la tribune, et couvrent les bruits de la foule immense restée au dehors. Les étrangers s'étonnaient avec raison de trouver une église aussi étroite pour une population aussi considérable, et se demandaient comment la ville pouvait hésiter depuis si longtemps à bâtir un temple dont la construction mettrait à l'aise les protestants aussi bien que les catholiques.

Les autorités avaient pris place dans le chœur, près du catafalque, aux quatre coins duquel un mobile, un marin, un turco et un artilleur représentaient les principaux corps ayant pris part à la bataille. Les officiers étaient devant le chœur, les soldats dans la grande allée, le reste de l'assistance s'était placé comme il avait pu.

Après l'évangile, M. l'abbé Besson monta en chaire. Son discours était le principal attrait de la cérémonie. On s'en aperçut bien au silence profond qui régna tandis qu'il parlait. Jamais peut-être l'éloquent orateur n'avait porté la parole devant un auditoire aussi disparate et, disons-le, aussi prévenu. Rarement, ce nous semble, il a été aussi solide, aussi bien inspiré et aussi incisif que dans ce récit palpitant de mouvement et de vie.... La beauté du langage, l'élévation des pensées, la sûreté des détails, défiaient la critique la plus hardie. On sent à l'autorité de cette parole que l'orateur peut donner les preuves de tout ce qu'il avance. Nous croyons que cette page d'histoire restera l'un des documents les plus sûrs que nous ayons sur la vaillance de Bourbaki et de ses soldats. On attaquera peut-être cette pièce magistrale, on ne la réfutera pas.

En approchant d'Héricourt, nous avions voyagé avec un Suisse qui venait à la cérémonie.

— Comment se fait-il que vous, protestant, qui n'admettez ni le purgatoire ni la prière pour les défunts, veniez à une cérémonie où l'on va prier pour les morts?

— Monsieur, me dit-il, je viens pour entendre bien parler. J'ai lu par hasard le discours de la Cluse; j'en ai été si touché et si content que je veux entendre celui d'Héricourt.

Beaucoup d'auditeurs étaient venus avec la même intention; ils ont dû être contents, car ils ont entendu bien parler.

Après la messe, l'absoute a été faite par Mgr Bastide, ce soldat du pape qui pendant vingt ans a aidé les soldats de la France à bien vivre et à bien mourir; puis le cortége s'est mis en marche vers le cimetière. La croix paroissiale, voilée d'un crêpe, était portée par un jeune caporal de la ligne, chevalier de la Légion d'honneur, ayant pour acolytes un artilleur amputé du bras gauche et un mobile amputé du bras droit, tous deux décorés de la médaille militaire. La fanfare de la Roche marchait devant le clergé et jouait la marche des Girondins, dont le refrain souvent répété nous a paru d'un à-propos saisissant dans cette procession funèbre destinée à honorer les martyrs de notre défense nationale.

Le monument érigé dans le cimetière par une souscription publique des habitants d'Héricourt est une pyramide quadrangulaire en pierre blanche surmontée d'une croix et dont le piédestal repose sur un massif de rocaille. Les inscriptions en sont correctes et chrétiennes, ce qu'on ne rencontre pas toujours et partout.

A ce moment le cimetière d'Héricourt offrait un spectacle original et grandiose. Outre la foule considérable qui affrontait un soleil torride, dans l'intérieur de l'enclos, les murs étaient couronnés par une longue ceinture de spectateurs qui formaient un cadre vivant à ce pittoresque tableau.

La bénédiction du monument a été faite par M. le vicaire général, et à quelques pas il bénissait aussi la tombe d'une jeune sœur de Charité morte à la tête de son ambulance et inhumée non loin des blessés dont elle avait soulagé les douleurs.

Une fois la cérémonie religieuse terminée, les discours ont commencé.

M. le préfet de la Haute-Saône a pris la parole le premier. D'une voix émue et avec un accent vraiment oratoire, il a remercié dans M. le curé d'Héricourt le véritable organisateur de la fête et trouvé des paroles aussi touchantes que chrétiennes pour faire ressortir la fin glorieuse de ces victimes ensevelies à ses pieds.

Après lui, M. le général de Vouges, dans une courte allocution, a demandé aux assistants d'élever un monument plus précieux et plus patriotique qu'une pyramide de pierres, en formant les nouvelles générations à l'esprit de sacrifice, de dévouement et de respect à l'autorité.

Puis M. le pasteur Lods a lu un sermon bien écrit et bien pensé.

M. Noblot, membre du conseil général pour le canton, a remercié tous ceux qui avaient concouru à la cérémonie.

Enfin le général Pallu de la Barrière s'est avancé et a dit : « J'étais venu ici bien triste, mais après avoir vu ce que je vois et entendu le touchant discours de M. Besson, je m'en retourne tout consolé et emportant les meilleures impressions de cette journée, qui me rappelle de si sanglants souvenirs. »

Le programme était épuisé, et le cortége allait se retirer, quand s'avance un inconnu porteur d'un grand sabre suspendu à un ceinturon de cuir fauve. Du premier coup d'œil on devine ce qu'il va dire ; mais à Héricourt on doit être tolérant, et malgré le soleil, qui devient insupportable, on lui fait la politesse d'écouter jusqu'au bout les quatre pages dont il fait la lecture. Il commence par une révélation surprenante, en affirmant que les morts d'Héricourt sont tombés pour fonder à tout jamais la république. La suite du discours est bien moins curieuse : le despotisme monarchique, la souveraineté du peuple et tout le vieux cliché des journaux démagogiques y passent, saupoudrés par quelques textes bibliques, selon la méthode protestante. La conclusion est que la paix reviendra sur la terre quand le dernier des rois aura mordu la poussière et que la république universelle sera proclamée sur la ruine de toutes les monarchies. Des applaudissements partis de groupes bien connus ont accueilli cette superbe théorie par les cris de : *Vive la république !*

Encouragé par ces applaudissements, l'orateur s'est déclaré capitaine garibaldien — ce dont nul ne doutait ; — il a protesté contre les calomnies dont son maître était la victime, a célébré la vaillance italienne, et mis l'histoire au défi de prouver que le héros de Caprera eût jamais dévalisé de couvents et donné des preuves d'incapacité à Dijon. Les mêmes groupes ont encore applaudi.

Toutefois, l'assemblée n'a pas quitté le cimetière sous cette dernière impression. Le lieutenant-colonel Godefroy — un soldat pour de bon, nous disait un voisin — n'a pas laissé sans la relever adroitement l'injure suprême adressée aux soldats d'Héricourt. Il a déclaré, d'une manière aussi modeste que digne et froide, que la morale de toute cette guerre devait consister pour le soldat français à se *souvenir, travailler* et *se taire.*

Ah ! colonel, vous avez parlé d'or ! Quand donc serons-nous délivrés des utopistes et des orateurs de club ! Quand donc aurons-nous des soldats sachant se taire ?

Ce seau d'eau fraîche versé sur la tête du capitaine garibaldien a terminé la séance ; il était deux heures après midi quand le cortége est rentré en ville.

Cette cérémonie d'Héricourt, qui en somme a été fort belle et bien conduite, est, croyons-nous, la dernière de ce genre qui doive se faire en Franche-Comté. Le souvenir des victimes ensevelies sur notre sol ne périra point, et les morts de l'armée de l'Est ont retrouvé parmi nous ce qu'Alexandre le Grand enviait le plus au vainqueur de Troie : des amis pour les pleurer, un chantre pour célébrer leur gloire. A Cussey, à l'Isle, à Villersexel, à Héricourt, à la Cluse, leurs tombeaux seront respectés, et leur gloire sera transmise aux générations futures par les discours qui racontent leur mort plus encore que par les monuments qui recouvrent leurs dépouilles. On nous assure que ces discours, si bien accueillis dans la province et demandés dans toute la France, vont être réunis en un volume. Nous en félicitons les morts de cette armée de l'Est que nous avons aimée plus encore à cause de ses souffrances et de ses revers qu'à cause du dévouement dont elle a fait preuve dans les jours mauvais de la patrie. Puissent les survivants de cette armée, en lisant ces pages brûlantes de patriotisme et de foi, s'exciter à la pratique des mâles vertus qui font les héros, et qui seules peuvent préparer des jours meilleurs à notre pauvre France !   J. MOREY.

ORAISON FUNÈBRE

DES SOLDATS MORTS A LA BATAILLE D'HÉRICOURT,

Les 15, 16 et 17 janvier 1871.

PAR M. L'ABBÉ BESSON.

Surgamus et eamus ad adversarios nostros ; moriamur in virtute propter fratres, et non inferamus crimen gloriæ nostræ.

Levons-nous, marchons à l'ennemi, mourons dans notre vaillance pour le salut de nos frères et ne laissons pas une tache à notre gloire.
(I Mach., ix, 8-10.)

Ainsi parlait Judas le Machabée avant d'engager sa dernière bataille. Jérusalem était assiégée par les généraux des rois de Syrie ; Galgala, Masaloth, Arbelles, tombés en leur pouvoir, étaient retranchés comme des camps, remplis de lances et de cuirasses, et couverts au loin par une brillante cavalerie ; l'ennemi possédait à un haut degré l'art de la guerre ; il avait pour lui l'audace, le nombre, la tactique, et malgré ses victoires passées, Israël succombait au découragement. « Levons-nous et marchons, » s'écrie le Machabée. A cette parole, la terre s'émeut, la bataille s'engage et dure jusqu'au soir. Judas tombe, comme il l'avait dit, il tombe dans sa vaillance, il tombe pour ses frères, mais la gloire d'Israël demeure sans tache jusque dans le trouble et la confusion qui suivent la mort du héros.

N'était-ce pas là d'avance comme un crayon de notre histoire et des trois fameuses journées d'Héricourt? Mais il y a ici quelque chose de plus grand et de plus national encore. Ce n'est pas un héros, c'est toute une armée, c'est toute la France qui l'a juré, avec une magnanime résolution : « Levons-nous et marchons à l'ennemi. » Ce n'est pas seulement du matin au soir, mais pendant trois jours que nos soldats tombent dans leur vaillance. Les bords de la Lizaine, plus désolés que ceux du Jourdain, pleurent avec les voûtes de ce temple tant de fois ébranlées par le tonnerre des combats ; et de Montbéliard à Chenebier, vos forêts, vos collines, vos villages, encore teints d'un sang généreux, diront d'une voix émue jusqu'à la fin des siècles comment les Français s'immolent et meurent pour le salut de leurs frères. Saluons ce drapeau qui flotte parmi nos armes humiliées et vaincues. Quand il a fallu se retirer d'Héricourt, le serment des braves était tenu jusqu'au bout, le texte des Ecritures se vérifiait jusqu'à la dernière lettre ; nous n'avions pas une tache à notre gloire : *non inferamus crimen gloriæ nostræ.*

Vous venez aujourd'hui, à l'exemple d'Israël, rapporter dans leur sépulcre les restes de vos Machabées et offrir des sacrifices pour le repos de leur âme. Recueillons-nous devant ce monument ; écoutons d'un esprit docile et d'un cœur ému toutes les paroles qui sortent du fond de la tombe ; remercions Dieu de nous avoir avertis, frappés, anéantis jusqu'à la mort, consolés, ressuscités. Soyons humbles, soyons sincères. Nous aurons, s'il plaît à Dieu, moi le courage de tout dire, vous le courage de tout entendre. Tout nous parle, tout nous instruit : le champ de bataille, les trois journées de cette grande mêlée, la retraite de nos armes. Le champ de bataille nous donne une leçon de stratégie, la mêlée une leçon de vaillance, la retraite une leçon de politique. C'est de l'Allemagne que la France a reçu une leçon de stratégie, il faut en profiter et assurer l'avenir. C'est la France qui donne au monde une leçon de vaillance, il faut la raconter pour servir à nos neveux de consolation et d'exemple. C'est Dieu qui fait à l'Allemagne, à la France, au monde entier, une leçon de politique : chrétiens et Français, remettons-nous à cette école et confessons qu'il faut remonter jusqu'à Dieu pour découvrir le fond des choses humaines.

I. Il y a des lieux qui semblent faits pour la rencontre des nations et le choc des batailles, et l'empire y demeure au peuple qui, dans ce jeu sanglant, ne se montre pas seulement le plus courageux, mais le plus patient, le plus avisé, le plus habile. Tels sont, entre la France et l'Allemagne, ces bassins que les races et les langues se disputent depuis tant de siècles : au nord le Rhin, la Moselle, la Meuse, qui se développent le long des Vosges ou des Argonnes, et qui vont se perdre dans les sables de l'Océan ; au midi ces plaines fécondes, bornées par le Jura, où la Saône promène ses eaux tranquilles jusqu'à ce que le Rhône, sortant des Alpes, les entraîne avec la rapidité d'un torrent et livre aux vaisseaux de la Méditerranée nos bois, nos fers, descendus le long de nos grands fleuves. Que de fois ces terres fameuses ont occupé la pensée des conquérants ! Les Germains les enviaient aux Gaulois ; César en chassa Arioviste ; Clovis en enleva aux Burgundes la domination suprême ; Charlemagne en avait fait comme une clef de communication entre les différentes parties de cet immense empire qui comprenait la France, l'Allemagne et l'Italie ; mais après ce génie, qui tenait tout dans sa main, le nom et la fortune de nos contrées sont encore la proie des armes, et la lutte se renouvelle dans les mêmes lieux entre les deux races jalouses et ennemies qui se partagent l'Occident. La France ne commencera-t-elle qu'à la Saône ? Ou bien l'Allemagne sera-t-elle refoulée au delà du Rhin ? C'est demander à laquelle des deux restera le sceptre des affaires. Redoutable question qui s'agite pendant tout le moyen âge, au milieu des querelles des cités, mais qui semblait terminée dans les temps modernes à l'honneur et au profit de notre patrie. L'Alsace, la Franche-Comté, la Lorraine, étaient devenues nos frontières. Tous les grands princes y avaient mis leur épée, tous les grands négociateurs leur signature. Charles-Quint avait reculé devant Metz, Louis XIV s'était avancé jusqu'au Rhin, Napoléon l'avait franchi partout. C'était trop de puissance et de grandeur : l'Europe en fut jalouse, et les trois journées de Leipzig nous ramenèrent au delà du fleuve. Mais quoi ! les trois journées d'Héricourt viennent de nous ôter l'Alsace, la Lorraine, la ligne des Vosges. L'Allemagne déborde, et l'équilibre européen n'est-il pas rompu une seconde fois ?

Ce fut la faute de notre stratégie. Pourquoi faut-il que nous apprenions de nos voisins l'importance capitale de cette frontière, la nécessité de l'occuper, l'art de la défendre ! Fatal oubli ! cruel effet de cette confiance aveugle avec laquelle nous prenons les armes sans regarder assez ni où nous sommes ni où nous allons. Je ne parle pas des citadelles de Metz, de Strasbourg, de Besançon, qui étaient à peine à l'abri d'une surprise. Il fallait conserver encore d'autres forteresses cent fois plus hautes, cent fois plus nécessaires, et où il n'y a ni tant d'or à dépenser ni tant de sang à répandre. Ces défilés des Vosges d'où Turenne était sorti quatre fois comme la foudre pour écraser à Ludenbourg, à Turqueim, à Mulhouse, à Belfort, un ennemi qui lui était trois fois supérieur en nombre ; ces plateaux du Jura où l'on trouve, d'étage en étage, tant de gorges étroites, de chemins creux, de brusques détours, de hauteurs imprenables, et où la moindre troupe peut arrêter si longtemps la plus grande armée ; toute cette admirable ligne de retranchements combinée par la nature elle-même, entre nos montagnes, nos rivières, nos forêts, n'attendait, ce semble, qu'un mot d'ordre pour s'armer contre l'étranger et lui interdire l'entrée du pays. Ah ! si l'on eût disputé pied à pied les cols des Vosges, établi un camp entre Héricourt et Belfort, échelonné le long du Jura, de Belfort à Besançon, et de Besançon à Gray, une armée toujours prête à fondre sur les derrières de l'Allemand et à lui couper ses passages, quelle tranquillité pour les plaines de l'Ognon et de la Saône, quelle inquiétude pour l'étranger répandu jusque sous les murs de Paris, et comme il eût redouté de voir se refermer sur lui les portes de la Lorraine et de la Champagne ! Dans cette immense citadelle, communiquant librement avec la Suisse, Lyon, tout le Midi, nous aurions eu les avantages de l'art et de la nature, des mouvements libres, des vivres assurés, et le jour où l'Allemand aurait été forcé de se retourner contre nous, toutes les facilités d'une belle défense au lieu des mortelles alarmes d'une attaque désespérée. Quel changement de rôle ! quel changement de fortune ! C'était une autre guerre, c'était une autre paix ! Et au lieu de ces hymnes de deuil, nous chanterions ici le *Te Deum* des grandes délivrances et des grandes victoires !

Ecoutons cette leçon et acceptons-la. Ce que la France néglige, l'Allemagne l'observe. En vain le théâtre de la guerre semble transporté tout entier sur les bords de la Loire, il n'échappe pas à la pénétration de nos envahisseurs qu'il faudra revenir tôt ou tard entre le Jura et les Vosges pour y jouer la dernière bataille. Quels pressentiments ! quelles précautions ! quels travaux ! Mettons-nous résolûment à leur école pour étudier le terrain. A peine ont-ils investi Belfort qu'ils étendent leur armée jusqu'à Héricourt et qu'ils disposent sur trois lignes tout l'appareil de leurs formidables batteries. C'est la Lizaine qui forme leur dernier retranchement. Regardez cette humble rivière : son nom est ignoré, son cours n'est pas de quatre lieues, et nos cartes l'indiquent à peine. Mais le génie de la guerre en a deviné toute l'importance. Elle coule du pied des Vosges au pied du Jura, de Chenebier à Héricourt et d'Héricourt à Montbéliard. Quelle belle ligne de défense pour qui saura la garder ! A Montbéliard, un château fameux qui domine la ville et d'où le regard commande au loin dans la vallée du Doubs. A Chenebier, un bassin élargi, des versants presque sans relief, et une vaste plaine propre aux manœuvres de la cavalerie. D'une extrémité à l'autre, des bois où les routes s'entrecoupent, des gorges où elles s'enfoncent, des hauteurs difficiles à forcer, plus difficiles à aborder l'épée à la main, tant le canon en défendra bien les approches. Héricourt, qui est au centre, deviendra plus redoutable que tout le reste. Ici se dresse un mont isolé dont la cime vaste et arrondie regarde Belfort d'un côté, domine de l'autre Chagey, Luze, Couthenans, toute la forêt d'Apremont, la grande route qui la traverse et les embranchements qui desservent tous les villages de la contrée : c'est le mont Vaudois. Les Prussiens y établissent sept batteries où les canons se comptent par douzaines. Leur longue portée dépasse la vue, de solides épaulements les abritent, et leur tir, dont la précision égale la portée, enfile de toutes parts les débouchés du vallon.

Ce n'est pas tout. A peine entrés dans la ville, les Allemands la changent en un camp redoutable, creusant des retranchements, minant les ponts, élevant trois barricades au milieu des rues, pratiquant dans les maisons de larges meurtrières, renversant ou transportant les murs des cimetières et des vergers, cherchant partout aux environs, dans les fossés, sur la lisière des bois, derrière les talus, ces endroits propices où le soldat se cache, d'où le fusil porte au loin et où l'art n'a presque rien à achever dans l'ébauche de la nature pour en faire d'inexpugnables défenses.

Ah! j'en atteste ici vos plus cuisants souvenirs, nobles habitants de cette cité. Ce n'était rien pour votre patriotisme de voir ruiner vos champs, chômer vos fabriques, envahir vos demeures ; vous supportiez que l'étranger s'assît à votre table et qu'il vous traitât en peuple conquis ; le maire (1) et le curé (2), unis dans les sentiments de la même douleur et du même devoir, ne s'effrayaient point d'être emmenés en otage, et l'exil dont ils étaient menacés n'avait pas un instant étonné leur grande âme. Qu'est-ce que l'invasion, la ruine, l'exil, au prix de tout ce qui se prépare ? Héricourt, tombé aux mains des Allemands, verra sous ses murs la France épuisée ; il recevra nos derniers coups ; il essuiera le feu de notre armée aux abois, et l'incendie s'y allumera sous l'éclat de nos dernières bombes. Héricourt fera des vœux pour être emporté, et ses vœux ne seront point entendus. Il sera forcé d'admirer en pleurant une résistance si bien conçue, si bien ménagée, si bien conduite, si bien récompensée par le succès. Mais quoi! cette résistance devait être notre ouvrage ; et par quelle misérable imprévoyance en avons-nous laissé à nos ennemis la pensée, la fortune et la gloire ! O terre d'Alsace et de Comté, pardonne-nous d'avoir oublié que tu étais la frontière naturelle de la France, que ces montagnes, ces bois, ces rivières, étaient comme des places dont il nous faut rendre compte, et qu'en les défendant, nous défendions l'œuvre de notre nationalité avec l'épée de Turenne, le génie de Vauban et la politique de quatorze siècles !

Après six mois de revers, nous avons beau nous éloigner encore de ces lieux où la France et l'Allemagne doivent s'enfermer pour décider leur querelle comme deux braves en champ clos. L'instinct de la défense nous y ramène comme malgré nous. Un général d'une grande valeur et d'un grand renom a reçu la mission de conduire cent vingt mille hommes devant Belfort et de débloquer cette place, qui étonne par sa résistance héroïque l'obstination de nos ennemis. Nos espérances n'ont déjà plus de bornes. Bourbaki victorieux délivrera l'Alsace, passera le Rhin, envahira le grand duché de Bade. Que l'entreprise est belle ! Mais que de difficultés pour

(1) M. Bretegnier.
(2) M. l'abbé Gatin.

l'accomplir avec toute la rapidité qu'elle demande et tout le secret qu'elle impose ! Il faut quitter la Loire, remonter à l'est, marcher d'un pas vif, ferme et discret, en trois colonnes serrées, vers le Doubs, vers l'Ognon, jusque vers la Saône, tromper la vigilance de Werder, et le prévenir ou l'écraser dans ces montagnes où les deux nations vont se heurter pour la dernière fois. Werder est averti. Il quitte Dijon, il traverse en courant Gray, Combeaufontaine, Port-sur-Saône, on le signale à Frasne, à Mailley, aux environs de Vesoul, nulle part on ne peut ni l'atteindre ni pénétrer son dessein. On dirait une fuite, et c'est à peine si les deux armées marchant parallèlement l'une à l'autre vers le même but, échangent quelques coups de fusil entre leurs avant-postes ou leurs grand'gardes. Où Werder acceptera-t-il la bataille ? A Vesoul peut-être ? Non, sa position n'y serait pas assez forte ; il évacue Vesoul et il continue son mouvement vers la Lizaine, où ses campements l'attendent. Pour l'assurer, que ne risquera-t-il pas ? Il aventure une colonne entière à Villersexel, à Moimay, à Marat, jusqu'à Esprels ; il dissimule derrière ce rideau la pensée de toutes ses opérations ; il demeure deux jours sur les hauteurs dans une sorte d'attente, l'oreille au vent qui lui apporte le bruit de la bataille, les yeux fixés entre Héricourt et Belfort, sur ce bassin prêt à le recevoir. Cependant la mêlée s'engage à Villersexel, et le bourg, inondé de sang, couvert de ruines, est tour à tour pris, perdu, repris, parmi des prodiges de courage où les deux peuples ne peuvent se refuser une mutuelle admiration. La victoire nous reste, mais Werder profite de notre victoire comme il eût profité de notre défaite. Il sème de loin en loin ses éclaireurs pour essuyer le feu de nos avant-gardes. On croit le surprendre et on ne trouve plus que la trace de son passage. Tantôt il nous attend, tantôt il nous tient à distance, et, multipliant ainsi les piéges, les escarmouches, les simulacres d'attaque, il passe la Lizaine, s'enferme sur la rive gauche avec cinquante mille hommes, et attend, dans ces retranchements préparés depuis trois mois, l'heure décisive de la suprême rencontre.

Heure attendue et redoutée de toute la France, que la crainte, la confiance, le désespoir, se partageaient dans toutes les âmes. J'hésite à la peindre, c'est l'heure de l'agonie et cette heure durera trois jours. Mais pourquoi nous taire ? Il faut nous élever au-dessus de la fortune et démontrer que si nous avions contre nous la nature, l'art, la stratégie, il nous restait quelque chose de plus noble, de plus beau, de plus français que ces grandes choses. Il nous restait le courage. Nous n'avons pas vaincu, mais nous étions dignes de vaincre. Acceptons que l'Allemand nous donne une leçon de tactique, et donnons à la postérité la leçon mille fois plus sublime du courage malheureux.

II. Je revendique hautement le courage comme une qualité naturelle à notre nation, et qui a éclaté devant Héricourt avec d'autant plus de vivacité et de grandeur qu'il n'était presque plus soutenu par l'espoir du succès. Je vais plus loin, et je le déclare à l'honneur de la France et de l'armée, ce courage est demeuré jusqu'à la fin obéissant, discipliné, héroïque. L'armée, en face de l'ennemi, écoute encore ses chefs, et tout marche à leur parole. Rappelez-vous la situation des affaires et des esprits dans les trois journées que nous célébrons. Tout était abattu, tout était désespéré. Au timon de l'Etat l'incapacité et la division ; le silence des lois dans le tumulte des armes ; la désorganisation dans les services, la contradiction dans les dépêches, et, parmi toutes les incertitudes du commandement, un mot jeté à l'étranger comme un défi, à la France comme un ordre, à l'histoire comme un trait de folie : la guerre à outrance ! La guerre, mais tout manque pour la continuer, l'argent, les soldats, les équipages ; tout la condamne, la saison, le climat, l'état des chemins ; tout la rendra mortelle, le froid, la faim, la défaite. La guerre à outrance, mais c'est la guerre aux éléments, à la raison, à l'évidence, c'est l'aveuglement et la fureur. Cette politique, cette incapacité, je la déplore ; ces vivres épuisés, ces munitions qui vont manquer de toutes parts, ces chevaux qui reculent sur des routes couvertes de glace, ces canons d'une portée trop courte, l'histoire les signale, l'histoire a déjà prononcé. Mais le soldat français, malgré l'esprit révolutionnaire dont tant d'âmes sont comme remplies et affolées, n'en viendra pas moins donner l'assaut durant trois jours, sur une longueur de quatre lieues, à cette formidable ligne de la Lizaine, fortifiée par le vainqueur de Strasbourg, couverte de tant de batteries, pleine d'Allemands enivrés de leurs succès et qui n'ont plus qu'une palme à gagner pour assurer à leur patrie deux provinces, cinq milliards et la gloire immortelle de toute la campagne. Le soldat français ne tremblera ni de peur, ni de froid, ni de faim. Il obéira sans se plaindre, il marchera sans pâlir, il tombera sans reculer. N'est-ce pas là le courage, la discipline et l'honneur ?

Ce n'est pas avec les larmes de la parole sainte que l'on peut songer à peindre ce combat d'artillerie qui a mis en mouvement des deux côtés de la Lizaine plus de six cents canons. Nous avions chassé l'ennemi devant nous à Coisevaux, à Byans, à Verlans. La réserve générale campe à Coisevaux, en face du mont Vaudois, et, poussant sa reconnaissance à découvert, elle est saluée par les obus de l'Allemand. Les chevaux se cabrent, plusieurs hommes sont blessés, mais le colonel Carré, à la tête du 29ᵉ de marche, demeure immobile sous cette pluie foudroyante. C'est un marin, c'est Pallu de la Barrière, qui commande le corps d'armée. La résolution froide dont il a contracté l'habitude au milieu des tempêtes de l'Océan éclate dans sa tête réfléchie, sa parole précise et son attitude martiale. Il sort victorieux du combat d'Arcey, il espère devant Héricourt une journée plus décisive. Après avoir reconnu distinctement les sept batteries disposées en étage sur les pentes du mont Vaudois, il ouvre le feu dès le 15 à deux heures du soir, éteint une batterie, oblige une autre à se retirer, et concourt ainsi au succès du jour qui fut marqué sur toute la ligne de bataille. A droite, le 24e corps éclate et tonne avec non moins de fureur, le 20e remplit tout le centre de ses feux et de ses coups, tandis que le 18e, un peu retardé dans sa marche, prend ses positions à gauche au sortir de la forêt, entre Luze et Couthenans, espace ses pièces et prolonge sa vive attaque jusqu'à la nuit. Quel spectacle ! l'air est tout en flammes, le sol tremble et s'ébranle au loin, Belfort espère, la France écoute, et le canon de la Lizaine semble retentir, avec un douloureux écho, au fond de toutes les âmes.

Mais ce n'est ni l'obus ni la bombe qui décideront de tout ce duel. L'artillerie commence ou achève les batailles, la cavalerie les précipite, l'infanterie seule peut les gagner. Il faut marcher, échanger des balles, s'aborder à la baïonnette, se disputer corps à corps les positions favorables. Choisissez sur toute la ligne tel corps qu'il vous plaira, dans chaque corps telle division, tel régiment, telle compagnie, du 15 au 18 janvier, tel jour ou telle heure que vous voudrez, partout où notre brave infanterie a reçu cet ordre qui était pour tant de braves un ordre de mort, elle s'est levée, elle a marché, elle a fait œuvre d'obéissance, de discipline et de cœur. Partout le même obstacle, le même effort, la même grandeur d'âme. Pas une défection, toujours le courage, souvent l'héroïsme.

Fixez d'abord vos regards sur Montbéliard où la Lizaine achève son cours et où la droite de notre armée cherche à s'établir. Pendant que le 4e bataillon des mobilisés de la Haute-Saône répand ses éclaireurs sur le plateau de la Petite-Hollande, les turcos envahissent au pas de charge la hauteur qui domine la ville, chassent les Prussiens, s'emparent de leurs canons, descendent dans les rues et bravent le feu du château. Que l'ennemi s'abrite derrière ces murailles, qu'on ne puisse ni le compter ni l'atteindre, qu'il lance ses obus pour attester sa présence sans se découvrir, il y a là de la tactique et de la prudence, mais le courage est ailleurs. Je l'honore et je l'admire dans ces braves Français qui viennent d'être frappés et qu'on rapporte les uns morts, les autres mutilés et sanglants, dans les maisons de la ville. Le prêtre accourt. A la première vue de ces corps en lambeaux, un mouvement de surprise s'empare de lui, un des blessés l'a remarqué. Il se lève à demi, et de la main qui lui reste, il invite le ministre du Seigneur à s'approcher. Quel noble geste ! quelle ferme parole ! Le prêtre l'aborde et veut le consoler. « Combien je voudrais adoucir vos souffrances ! — Mes souffrances ! mais je ne sens rien, on ne souffre pas quand on meurt pour la patrie ! »

Avançons un peu, voici le village et la plaine de Bethoncourt encore couverts d'un crêpe funèbre. Ici l'ennemi a tout gagné, excepté la gloire ; les nôtres ont tout perdu, excepté le courage. Tout est fait pour la sûreté de l'ennemi : les sommets couronnés de bois où se cachent des batteries foudroyantes ; les maisons en amphithéâtre où les soldats s'échelonnent et se dissimulent ; un cimetière qui les abrite par milliers ; le talus du chemin de fer qu'il faut gravir pour parvenir au village ; la rivière qui baigne le talus et qui en forme avec des rochers à pic la principale fortification. Eh bien ! il s'est rencontré un bataillon pour tenter l'assaut de tant de remparts et pour mourir à leurs pieds. Les mobiles de la Savoie campaient en face, sur la lisière de la forêt. C'est le marquis Costa de Beauregard qui les commande : imaginez la bravoure unie à la popularité. Un prêtre est au milieu d'eux : imaginez le zèle avec l'éloquence (1). Ce prêtre a partagé depuis quatre mois leurs privations, leurs souffrances, leurs périls. Maintenant qu'il faut marcher contre Bethoncourt, on le regarde, le silence se fait, le signal se donne et tout le bataillon tombe à genoux sous cette main qui absout et qui bénit. Les voilà qui se relèvent, échangeant entre eux des regards où les adieux se peignent, laissant tomber des larmes silencieuses à la pensée de leurs mères, de leurs montagnes et de leur Dieu. Ils marchent, tout se taisait à leur approche, et Bethoncourt semblait évacué. Mais à peine ont-ils traversé la moitié de la plaine que le village, le talus, la crête, se peuplent de fusils. L'ennemi est invisible, mais il est partout. Les balles sifflent, les obus pleuvent, les braves tombent. A la tête de ces braves, deux capitaines, François Milan et Félix Besancenot, à côté d'eux le chirurgien Desmoulins qui reçoit le coup mortel en les assistant, avec eux soixante-onze enfants de la Savoie, héros de vingt ans, Français depuis dix ans à peine, et qui viennent mourir pour leur nouvelle patrie avec ce zèle, cette obéissance, cette abnégation qui accomplit le devoir, mais qui ne le discute jamais. Le prêtre témoin de leur mort a recueilli leurs dernières paroles. Il les a citées sur leur tombe, je les répète devant ces autels, les anges et les hommes en ont fait le sujet de leur entretien. Un obus éclate auprès du capitaine Besancenot et lui brise la main droite. « Ce n'est rien, » dit-il, il ramasse son épée, et regardant sa troupe avec plus de fierté encore : « En avant ! » Il s'avance le premier, sa troupe le suit, deux balles le frappent, il tombe pour ne plus se relever. Eh bien ! le capitaine servira, en tombant, de rempart à ses soldats. « Abrite-toi derrière mon corps, » dit-il au caporal qui l'accompagne. Son testament n'a qu'une ligne : « Ecris à ma

(1) M. l'abbé Juteau.

famille que je suis mort en brave. » Son dernier soupir est une prière : « Mon Dieu ! ayez pitié de moi. »

La Charente aura des héros dans cette journée aussi bien que la Savoie. Je n'en veux pour exemple que le jeune et brillant Marcellus, sorti de l'école de droit avec tous les lauriers, cher à tout l'Angoumois, à cause des espérances de son nom, l'unique consolation d'une mère vénérable, l'unique appui de ses neveux encore en bas âge. Laissez donc un tel soutien à cette mère, à ces quatre sœurs, à ces deux petits enfants. Marcellus a vingt-six ans, il n'a point rêvé la carrière des armes ; c'est à la famille qu'il veut dévouer sa vie, c'est aux lettres qu'il veut demander un peu de cette gloire qui a consacré le souvenir de son aïeul. Son âge le dispense, mais son nom l'oblige ; sa santé ébranlée demande les ambulances, mais sa noblesse soupire après la bataille. Soldat, lieutenant, capitaine, soit qu'il obéisse, soit qu'il commande, il se donne toujours. Il donne, il prodigue autour de lui l'argent, les soins, les conseils, les exemples, soutenant par ses lettres sa mère, qui n'espère plus le revoir, par ses paroles l'esprit de ses compagnons d'armes, par ses prières son propre courage et ses propres résolutions. « Je suis, disait-il, le soldat de Dieu avant d'être le soldat de la France » Il sent que Dieu lui demande sa vie pour faire monter devant lui la flamme épurée du sacrifice. Que n'imagine-t-il pas pour la purifier encore davantage ? Le 13 janvier il se confesse avec le pressentiment qu'il le fait pour la dernière fois. Dès lors il se bat tous les jours, à Sainte-Marie, à Montbéliard, à Bethoncourt. Là il entraîne sa compagnie par son élan contre cette forteresse pleine d'ennemis invisibles. La mitraille éclate au milieu de ces jeunes mobiles, tue les uns, disperse les autres, et le laisse seul avec son sergent. Qu'importe à Marcellus ! Il voudrait tomber seul et satisfaire pour toute l'armée. En avant ! toujours en avant ! Une balle l'atteint au cœur et l'étend par terre. Prenez ce corps, fidèle sergent, confiez-le à la piété des habitants de Dung, bientôt vous viendrez le reconnaître et vous le rapporterez aux lieux qui l'ont vu naître, sous les yeux d'une mère qui le réclame, qui le couvre de baisers et de pleurs, qui l'enferme dans le tombeau de ses pères et qui va s'y ensevelir elle-même après cinq mois passés dans les pleurs de l'agonie. Soldat de Dieu, reposez en paix ; soldat de la France, attendez au fond de ces caveaux funèbres le jour du réveil et de la victoire. Vous êtes tombé pour Dieu dans les batailles comme vos aïeux tombaient pour leur roi sur l'échafaud ; mais ce n'est point la tristesse, c'est l'espérance qui chante sur la tombe des Marcellus. Ecoutez dans quels vers ils prophétisent nos destinées :

> La France a triomphé des vains efforts du crime
> Et trompé des méchants l'espoir audacieux.
> Elle renaît plus belle et du fond de l'abîme
> S'élance au haut des cieux !

Mais les champs de Bethoncourt cachent des piéges jusqu'au dernier moment ; il faudra y voir tomber des braves jusqu'après la bataille. A côté du grand nom de Marcellus je place avec le même respect un nom plébéien digne des mêmes honneurs et des mêmes souvenirs. Le brigadier Simon est Bisontin, il a vingt-trois ans, il n'a manié jusque-là que les crayons de l'architecture ; mais il appartient à cette mobile du Doubs dont l'infanterie a si bien tenu tête à l'ennemi à Voujaucourt et à Bondeval, et dont l'artillerie, mêlée au 24ᵉ corps, se signale par sa ferme attitude sous la conduite du capitaine Grévy. Un obus le frappe entre ses pièces, déchire ses entrailles et le jette dans les bras de la mort. Je cherche un prêtre, je ne vois que des camarades. Rassurez-vous, il y a là un chrétien qui le relève, qui le console, qui l'assiste, qui tourne vers Dieu son dernier soupir : c'est la mort de Bayard.

En face du mont Vaudois, où campe le 20ᵉ corps, les deux armées se touchent, leurs batteries mêlent de plus près leur feu redoutable, et cinq cents mètres à peine séparent les combattants sur un terrain qu'ils occupent et qu'ils cèdent tour à tour. Clinchamp se réjouit de serrer l'ennemi de plus près, et avec le magnifique mépris qu'il professe pour la mort, il a résolu de mener son infanterie à cette vive et impétueuse attaque où il faut cent fois plus d'hommes pour l'entreprendre que pour la soutenir, dans chaque homme cent fois plus de courage, et où, malgré le nombre, malgré le courage, il restera toujours cent fois plus de périls que de confiance. Ses officiers d'état-major ne se ménagent pas : témoin ce Villeneuve, qui avait disputé pied à pied, chambre par chambre, tout le château de Villersexel aux Prussiens et qui reçoit ici un éclat d'obus comme pour consacrer par une noble cicatrice la fin de sa campagne ; témoin ce Saint-Raymond qui continue son service les jambes traversées par une balle et qui parle en souriant de sa blessure. Le général Tornton est animé de la même ardeur et la fait partager à sa division. Après avoir repris Aibre, Trémoins, Couthenans, il campe à Tavey, face à face avec l'ennemi. Au delà s'élève le moulin de Bourangle, dont l'Allemand a fait une citadelle et qu'il a rempli d'une redoutable infanterie. Trois fois nos tirailleurs, sortant des bois, ont traversé la plaine à découvert, touché au moulin, commencé l'assaut : trois fois il a fallu reculer sous la mitraille ; deux cents zouaves sont restés sur place, leur commandant est blessé, et le général qui a exposé sa personne dans cette attaque trois fois entreprise, trois fois repoussée, ne saurait dire ce qui le désole le plus ou d'avoir perdu tant de braves ou de leur survivre. L'Allemagne triomphe dans ces forteresses. Ah ! derrière de tels murs on peut garder l'avantage, mais est-ce donc de ce côté-là qu'est le courage, la discipline et l'honneur ?

Le même jour, à la même heure, la première division du 20e corps prenait l'offensive avec la même impatience. Elle a reçu l'ordre d'attaquer le coteau de Saint-Walbert et de pousser jusqu'à Héricourt. C'est aux troupes les plus voisines de l'ennemi d'engager l'action. Le général Logerot a confié ce soin au commandant de Vaulchier et à six compagnies choisies parmi des mobiles, des francs-tireurs et des régiments de marche. Vaillante troupe, sous les apparences de la fatigue et du dénuement ! Je salue d'abord le drapeau du 85e avec tout le respect dû à ses vieux services, mais que ces braves me pardonnent si j'appelle vos regards sur des mobiles qui viennent de prendre le fusil et qui ne datent que d'hier. Ce sont les compagnies du Jura, recrutées dans nos plaines et dans nos montagnes avec ce patriotisme ardent, servi par une rare intelligence, qui signalait déjà à la fin du dernier siècle les enfants de notre province à l'admiration de l'étranger. Elles comptent trois campagnes dans quatre mois d'exercice ; elles ont reçu dans les Vosges le baptême du feu ; le combat de Beaune-la-Rolande les a affermies en les décimant, et les voici plus décimées encore par le froid et par la faim, aux prises avec un ennemi qui les attend à couvert et qui guette leur entrée en bataille. A côté d'eux, marchent les compagnies du Haut-Rhin. Elles se sont levées à la voix d'un orateur qui s'est fait soldat (1), que les suffrages unanimes ont porté au grade de colonel, et qui, retournant à la tribune après la campagne, laisse échapper encore dans sa parole en deuil tous les regrets et toutes les espérances de l'Alsace. Il avait donné à ces francs-tireurs son âme encore plus que son nom. Quelle épreuve le jour où il lui faut quitter cette Alsace envahie et perdue ! quelle épreuve plus cruelle encore le jour où il lui faut quitter à Besançon ses chers soldats et se coucher sur un lit de douleur pour suivre du regard seulement leur marche et leurs exploits ! Mais le Bourguignon vaut l'Alsacien dans la défense de la France. Le commandant de Lupé les mène de périls en périls avec cette fermeté vive dont le souvenir demeurera attaché à son nom ; l'abbé de Dartein les suit partout, toujours debout, toujours au milieu des balles ; ils ont pris Byans, et maintenant il faut escalader la hauteur de Saint-Walbert. Allons ! enfants de l'Alsace et de la Comté, marchez encore une fois sous le même drapeau et donnez-vous la main. Jamais le froid n'avait été plus intense, jamais les vivres n'avaient plus fait défaut. Le pain manque depuis cinq jours, le biscuit est insuffisant, on est réduit à disputer aux habitants affamés leur dernière ressource. Les villages sont abandonnés et une multitude de

(1) M. Keller.

malheureux meurent au fond des bois de faim, de froid et d'épouvante. Les soldats gèlent sur place, l'effectif des bataillons diminue, mais le courage croît, l'honneur parle, on oublie tout, tout excepté le devoir. Le commandant de Vaulchier à la tête de ses Jurassiens traverse le vallon de Verlans, rallie à sa gauche les tirailleurs du 85°, commence à gravir les mamelons de Saint-Walbert, et se mêle aux francs-tireurs du Haut-Rhin. Les murs croulants, les carrières ouvertes, les buissons pleins de glace, sont franchis au pas de course. Nos braves montent toujours, mais les Allemands à demi cachés dans les brouillards font pleuvoir sur eux une grêle de balles. Il n'y a plus qu'un gradin à franchir pour atteindre le sommet et planter le drapeau, mais l'ennemi est à cent pas, il tire à bout portant, les Français tombent de toutes parts, le commandant de Vaulchier, le corps traversé par une balle, essaie de se relever, ses camarades le reçoivent dans leurs bras et prennent encore ses ordres. A la nouvelle de cette fatale blessure, tout le bataillon se sent comme frappé du même coup, Besançon y voit le présage d'un fatal dénouement, la Comté s'émeut pour l'aîné de cette noble race à qui l'épée et la plume sont également familières, et qui les met avec tant de zèle et de talent au service de la France. Dieu soit béni ! Dieu nous l'a rendu et je le vois agenouillé devant ces autels avec l'expression de la reconnaissance. Relisons cette page à nos neveux, ce n'est pas le succès, mais c'est le courage modeste, c'est l'indomptable honneur, c'est la foi chrétienne.

Et vous aussi, vous la relirez, derniers restes des francs-tireurs de l'Alsace, si miraculeusement échappés à la bataille. Les braves des meilleures provinces, les fils de la Comté, de la Lorraine et de la Champagne, se sont donné rendez-vous dans ce corps d'élite, mais appelez-le aujourd'hui l'élite du tombeau, tant la mort y a couché de victimes. Encore cette élite, aux prises avec la mort comme avec l'ennemi, l'a quelquefois terrassée et vaincue. Citons ce sergent-major comtois qui est revenu à Montbozon la poitrine percée de coups, cet adjudant Collin, né en Lorraine, que deux balles ont frappé à la tête sans l'écraser, que tout le monde a cru mort et qui, trois mois après, a rapporté à sa famille, à sa province, à ses compagnons d'armes, la joie d'une résurrection. Pourquoi faut-il que la Champagne n'ait recueilli ici que des larmes et des souvenirs, et que vous n'ayez pas même pu lui rendre le corps de Lagrelette ? De quel nom l'appellerai-je, cet héroïque enfant de Châlons-sur-Marne ? Est-ce un officier ? Est-ce un médecin ? Il vient de commander le feu, l'épée haute, le regard ferme, le front découvert. Un soldat tombe à ses côtés. Il se penche vers lui. « Vous êtes blessé ! » Il cherche un appareil, il sonde la plaie, il apprête un pansement. Une seconde balle suit la première et frappe le médecin dans l'exercice de sa charité évangélique. Soldat et médecin tout ensemble, médecin pour panser les blessures, soldat pour les faire à l'ennemi et les recevoir lui-même, Français deux fois si ce n'est pas assez de l'être une fois pour se dévouer et pour mourir, héros dix fois par jour et comme médecin et comme soldat. Il aimait l'étude avec passion, mais ses études étaient déjà des batailles. Au collége, à l'école de médecine, dans les hospices de Paris, il s'empare d'abord du premier rang, le garde comme un fief, et jouit modestement de sa jeune renommée, tant il se trouve dans son naturel. Ses thèses sont des assauts, ses concours des victoires, les médailles de la science sa première décoration. Il n'a que vingt-six ans, quatre compagnies savantes lui ont déjà ouvert leurs portes, et on lui prédit tous les honneurs de l'Institut.

Ah! fatale guerre, pourquoi êtes-vous venue interrompre de si belles espérances? Le jeune docteur a tout oublié pour se dévouer au soulagement de ses semblables. Il offre ses services, et sans attendre la réponse, le voilà qui forme avec quelques camarades une société de secours pour visiter les champs du carnage et soigner les blessés. On les a vus à Châlons-sur-Marne, à Gravelotte, à Amanvillers, à Montigny-les-Granges, cherchant partout la trace des victimes et poursuivant d'ambulance en ambulance, dans cette mer de sang, la France vaincue et malade, avec plus de zèle et d'amour qu'Ulysse ne cherchait autrefois sa chère Ithaque. Après Sedan, ses compagnons le quittent, mais il commence une nouvelle odyssée, toujours à la recherche de la misère, toujours à la recherche de la patrie; il la trouve dans les ambulances de l'étranger et jusque dans celles de l'ennemi, en Suisse, en Belgique, en Allemagne; il rentre en France par Mulhouse, c'était la France encore, et après quelques jours de repos, le voilà chirurgien et lieutenant dans les francs-tireurs du Haut-Rhin. Que vous dirai-je de ces deux ministères, de ces deux vies, de ces deux morts? Rien n'est à lui, ni ses jours, ni ses nuits, ni son temps, ni sa solde, ni même le pain qu'il reçoit pour sa subsistance. Ses jours se passent dans les guets, les expéditions, les tranchées; ses nuits au chevet des malades; sa solde lui semble inutile, il la distribue à ses soldats; un peu de pain lui suffit, mais le pain devient rare; les habitants de Byans ont pris la fuite, il ne reste qu'une humble femme, retenue par l'âge et qui pleure de faim sur un banc de pierre devant sa maison abandonnée. Lagrelette l'aperçoit, la console, tire de son sac ses dernières provisions, et lui donne à manger. C'est au sortir de Byans, c'est non loin de ce banc de pierre où vous faisiez l'aumône, que vous êtes tombé, noble jeune homme. Ah! je ne m'en étonne plus, Dieu vous a appelé. Vous méritiez de voir celui qui a apparu à saint Martin le jour où ce soldat fameux a partagé son manteau avec un pauvre. Entrez dans sa gloire. Les anges des hospices disputent aux anges des combats l'honneur de vous présenter. Le pain que vous avez donné s'est déjà changé dans leurs mains, comme dans le tablier de sainte Elisabeth, en fleurs d'immortalité. O lauréat des grands concours, vous tenez la vraie palme. Médecin et soldat, vous serez deux fois cité sur la terre à l'ordre du jour, deux fois couronné dans le ciel. On a vu, quelques semaines après, le père du héros fouiller inutilement les coteaux de Byans et de Saint-Walbert, pour retrouver la dépouille inanimée à laquelle il voudrait attacher encore une fois ses yeux et ses lèvres. Il n'a exhumé que des visages inconnus ; il a renoncé à cette stérile recherche, il n'a emporté de ce long et triste voyage que le souvenir de vos sympathies et de votre accueil. Non, je me trompe, il a une autre consolation : cette terre était faite pour recevoir son fils, la chapelle de Saint-Walbert est restée debout, comme un asile inviolable, entre ces deux batteries qui l'ont canonnée de si près ; c'est aujourd'hui l'asile de la bravoure. Il y a vingt ans que l'eau sainte l'a trempée, et que le sang de Jésus-Christ y coule sur l'autel. Soyez béni, ô vénérable pasteur (1) qui avez planté la croix sur ce coteau, en y jetant comme un linceul ce lierre, ces églantiers, ces herbes grimpantes, ces fleurs agrestes, mêlés à l'immortelle verdure du sapin. C'est un cimetière que vous avez bâti à la patrie, c'est un champ de gloire que vous avez semé pour la résurrection de la France !

Plus nos lignes se rapprochent de Belfort, plus la lutte est acharnée et la mêlée sanglante. On touche à l'enjeu de la campagne, et les deux peuples s'animent à cet aspect. Le 18e corps s'est disposé en bataille de Couthenans à Luze, de Luze à Chagey et à Chenebier. Chagey supporte presque tout le poids de la journée du 15 janvier. Malheureux village, puisque l'ennemi l'occupe ; deux fois malheureux, puisque le Français l'attaque ; malheureux mille fois, puisqu'il n'a pu le reprendre. C'est en vain que le général Bonnet s'empare des premières maisons, couronne les crêtes, et, quand l'ennemi veut l'en déloger, lance de toutes parts ses bataillons, paie de sa personne, multiplie les prodiges de tactique et de valeur. C'est en vain que le 4e zouaves marche à la tête de cette vigoureuse attaque avec une ardeur soutenue ; ici encore il faut reculer. La perte est affreuse : un millier de morts, une foule d'officiers hors de combat. Quel carnage ! Mais aussi quelle vaillance ! A vous la victoire, puissances ennemies, à nous la couronne.

A nous la couronne, et j'en détache deux fleurs pour les jeter du haut de cette chaire sur deux tombes ignorées que le gazon a déjà recouvertes, et où dorment deux braves en qui se peignent, en qui je loue tout ce que l'armée d'Héricourt avait de bravoure dans la jeunesse, d'expérience dans l'âge mûr, de foi dans tous les âges t dans tous les rangs.

(1) M. l'abbé Gatin, curé d'Héricourt.

A Louis de Courtois, douce et noble victime, qui gardait encore à vingt ans son innocence baptismale et qui, n'ayant quitté sa mère que pour revêtir l'habit du soldat, n'avait d'autre peine que de s'endormir chaque soir sans l'embrasser. Il dort maintenant, ce jeune soldat, et le baiser de l'amour filial semble encore errer sur ses lèvres muettes. Cueillez-le, saints anges, et portez-le à sa mère avec cette humble fleur de nos regrets, toute pleine de nos larmes, toute teinte de son sang, mais déjà toute rayonnante de la bienheureuse immortalité.

Au colonel Pech, qui est venu achever sa vie militaire sur les bords de la Lizaine, où Louis de Courtois commençait la sienne. Il n'avait jamais connu ni la flatterie ni la peur. Il était sorti le dernier, en 1848, des Tuileries envahies par l'émeute. Il était entré le premier, en 1849, dans les murs de Rome reconquis sur la révolution. Pie IX l'a décoré et cette croix lui a porté bonheur. Ah ! quoi que vous fassiez, le cœur qui bat encore sous le portrait d'un pape ne sera pas longtemps sans se réveiller aux saintes pensées de la foi et de la vertu. Le prodigue qui a emporté l'image de son père ne tardera pas à soupirer après la maison paternelle. Le colonel Pech s'est réconcilié avec son Dieu, il s'honore de pratiquer sa foi, il a reçu dans la chapelle de Fourvières le viatique de sa campagne, et le voici, le 14 au soir, frappant à la porte du presbytère de Magny-lez-Lure pour y goûter le repos de sa dernière nuit. Il est tard, ses soldats dorment, mais la vue d'un prêtre lui fait oublier ses fatigues. Il veut parler de Dieu et de la religion. Ecoutez-le, c'est un testament : « Je n'ai pas toujours rempli mes devoirs, mais la pratique m'en est chère aujourd'hui. Le jour où je me suis confessé a été le plus beau jour de ma vie. A présent je me sens sans aucune peur, parce que ma conscience ne me fait plus de reproches. Peut-être je mourrai demain, le champ de bataille m'attire, Monsieur le curé, priez pour moi et bénissez nos armes. » Oui, Dieu les a bénies, car c'est une bénédiction de mourir avec de tels sentiments dans l'âme et de telles paroles sur les lèvres. Le lendemain le colonel Pech était tué à la tête des mobiles de l'Aude. Il laissait la victoire et prenait la couronne !

A nous la victoire et la couronne dans le combat de Chenebier, qui marque la journée du 16 et qui suffirait pour apprendre au monde que les Français d'aujourd'hui valent ceux des siècles passés. Chenebier menaçait notre gauche, l'Allemand s'y était répandu dans tous les accidents du terrain, et ses batteries placées l'une au pied du bois, l'autre sur un plateau élevé, formaient comme une ceinture de fer autour des mamelons qui se partagent l'intérieur même du village. Deux divisions du 18e corps reçoivent l'ordre d'attaquer ce point redoutable. Cremer y fera connaître la valeur de ses jeunes troupes ; Penhoat y agrandira son renom de

marin en menant à l'assaut des chasseurs d'Afrique ; Billot y paraî-
tra digne du commandement. C'est l'artillerie qui engage le combat. Pendant près de deux heures les feux se croisent sans pouvoir
s'éteindre, mais la neige molle où s'enfoncent les obus les empêche
d'éclater et l'action demeure indécise. A l'ordre du général Billot
l'infanterie va entrer en ligne. Cremer lance sur la droite ses soldats de marche et ses mobiles avec une égale impétuosité ; le colonel de l'Epée attaque la gauche, suivi de deux régiments ; au centre c'est l'amiral qui déploie sur le front de la bataille ses tirailleurs
échelonnés et qui imprime à toute la manœuvre l'élan de son audace. La charge sonne, la fusillade s'engage, les colonnes se préci-
pitent. L'Allemand, attaqué de toutes parts, commence à plier. On le
presse, on le cerne, on l'aborde à la baïonnette. Il recule, se dé-
robe dans le bois voisin et bat en retraite sur Echevanne. Chenebier reste dans nos mains, et la journée du 16 se termine par une
victoire qui devait, ce semble, nous ouvrir dès le lendemain le chemin de Belfort. Mais l'ennemi préparait sa revanche à la faveur de
la nuit. Quelle mystérieuse et tragique surprise ! Un ordre est parti
du cabinet de Versailles, je voudrais dire de Berlin, avec la rapidité de l'étincelle électrique : reprenez Chenebier à tout prix. A ce
mot on sacrifiera tout. Le vaincu ne se donne pas une minute de repos, mais il observe et choisit ses positions pour l'attaque, se dissimule dans les plis du terrain et ramène à travers les bois cinq
régiments soutenus par trois batteries d'artillerie. Sentinelles, où est
l'ennemi : *Custos, quid de nocte ?* Nos grand'gardes veillent, mais elles
aperçoivent à peine, à travers les ombres, quelques silhouettes prus-
siennes. Sentinelles, soyez attentives : *Custos, quid de nocte ?* Mais les
grand'gardes, dont la jeunesse excuse l'inexpérience, se bornent à
quelques coups de fusil, et le camp français qui interroge son oreille,
ne recevant pas d'autre avis, repose enseveli dans la fatigue du combat et dans la sécurité de la victoire. Sentinelles, la nuit va devenir
fatale à nos armes : *Custos, quid de nocte ?* L'Allemand se glisse à pas
de loup, il reprend l'offensive, il entre à Chenebier, il écrase deux
compagnies du Tarn. Nous sommes attaqués à la fois au nord et au
sud, on nous enveloppe et l'on essaie de nous couper en gardant les
bois d'alentour. N'importe, il n'y aura ni terreur, ni confusion, ni
méprise. Penhoat commande sur terre comme sur mer ; son intré-
pide sang-froid ne se dément pas, son feu n'a rien de désordonné ;
tantôt il le retient, tantôt il le précipite, et sa vaillante division
ne chancelle pas plus sous sa main, au milieu de cette grêle de
balles et d'obus, que l'équipage et les matelots dont il a cent fois
enflammé le courage au milieu des mers. C'est à quatre heures
du matin que cet affreux réveil a commencé ; à dix heures l'étranger a évacué Chenebier. Ce n'est pas une retraite, c'est une fuite ; il
a abandonné ses morts, ses blessés, ses armes ; cent prisonniers

sont entre nos mains. Chenebier est repris. Voilà le sanglant et héroïque exploit qui signale la matinée du 17 janvier. Cet exploit consacre tous nos avantages. Encore une heure ! encore un effort ! Officiers et soldats, chacun regarde, interroge son voisin, attend des ordres. L'armée marchera-t-elle vers le nord en tournant le mont Salbert ? Elle donnerait la main à la garnison de Belfort, débloquerait la place, et, soutenue par le canon aussi bien que par les sorties, elle rejetterait l'Allemand sur la rive gauche de la Savoureuse. Ou bien franchira-t-elle partout la Lizaine du même pas et au même signal pour attaquer par un immense mouvement les redoutes du mont Vaudois. La question s'agite dans toutes les têtes ; il y a au fond des cœurs, sinon sur les lèvres, un cri unanime : En avant ! en avant !

Ecoutez : l'Allemagne tremble dans son camp. On a entendu des exclamations de douleur et de désespoir : « Héricourt sera le Sedan de notre campagne. » Regardez : les pièces se démontent, les équipages sont attelés, les sacs sont bouclés, l'ordre du départ est prêt. Hommes et chevaux sentant, pour ainsi dire, la terre se dérober sous leurs pas, tournent les yeux du côté du Rhin. Les bagages filent à toute vitesse à Valdieu, à Dannemarie, à Altkirch. C'est le prélude de la fuite. L'Alsace n'en doute plus. Elle apprête ses faux, elle aiguise ses piques, elle est debout, l'oreille tendue, l'œil au guet, elle attend les premiers soldats de l'Allemagne en déroute, elle hâtera, la fourche en main, la sortie de l'ennemi, elle veut venger cinq mois d'ignominies et de désastres.

Ecoutez encore : En face de ce mont Vaudois qui est la clef de toute la position et qui va, ce semble, être envahi de toutes parts, la réserve générale frémit d'une noble impatience. Trois fois Pallu de la Barrière a offert pour tenter l'attaque ses onze mille fantassins, vieux d'expérience, jeunes d'honneur et de courage. Les lignes amincies des Allemands lui semblent épuisées. Il se disait à lui-même : « Que faut-il pour les percer et les dissoudre ? Une épée hardie qui marche droit au rideau et qui le déchire. Ainsi s'élèvent au milieu des mers des îles entourées de nuées brumeuses que les navigateurs timides n'osent pas reconnaître. Mais qu'un vaisseau plus fier traverse la ligne obscure, le jour se fait, la côte se découvre et les matelots saluent le port dans la lumière. En avant ! en avant ! A la guerre comme à la mer ! » Il est vrai, général, mais à la guerre comme à la mer, il y a des jours où l'équipage et le pilote sont tout à coup saisis par une trombe qui descend du ciel. L'équipage et le pilote n'en peuvent plus. On ne sait plus où l'on va. Dieu seul le sait. La victoire était dans nos mains, Dieu nous l'a reprise, Dieu ne la voulait pas. Dieu, après cette belle leçon de courage que nous venions de donner, voulait donner lui-même à l'Allemagne, à la France, au monde, une grande leçon de politique.

III. Dieu ne l'a pas voulu ! La guerre, comme l'a dit Joseph de Maistre, est un département dont Dieu s'est réservé le ministère. Il la mène du haut des cieux avec la vive et magnifique allure d'un cavalier qui fait sentir à son cheval tantôt le frein, tantôt l'éperon. Les vents, les frimas, les tempêtes, marchent devant lui et servent de ministres à ses desseins. Il sème à travers les armées les brouillards ou la lumière, et par les brusques changements qui se succèdent du soir au matin dans cette atmosphère qui nous enveloppe, il change, en dépit de toutes les combinaisons, la volonté des chefs et le destin des batailles. Les esprits flottent ou s'affermissent à son gré ; il donne ou il ôte, comme il lui plaît, la confiance aux plus hardis ; son glaive invisible frémit au milieu de ces milliers de glaives levés les uns contre les autres ; il pénètre au fond des âmes, les retourne pour ainsi dire contre elles-mêmes, et les pousse malgré leurs convictions personnelles, malgré leurs instincts, à des résolutions inattendues où éclate, au-dessus de la faiblesse humaine, toute la grandeur et toute la miséricorde de Dieu.

Qui semblait mieux prédestiné que Bourbaki à jouer, d'un coup de dé, devant Héricourt, la partie suprême ? L'Afrique, la Crimée, l'Italie, avaient vu sa bouillante audace. Il avait attaché son nom aux plus belles affaires d'avant-garde, prodigué sa vie, électrisé des bataillons d'un geste ou d'une parole, emporté d'assaut, avec un égal entrain, les murs des cités ou les tentes du désert. Mais, après les trois journées d'Héricourt, en face de ce mont Vaudois qu'il faut forcer à la baïonnette, voilà qu'au lieu de ces soudaines illuminations qui éclairent la témérité, il n'a plus que des réflexions profondes. Son cœur est le même, mais sa tête est devenue attristée et pensive. Ce n'est plus un lion, c'est un sage. Il regarde, il consulte, il écoute. Un dernier avis qu'il reçoit le rend plus soucieux encore. Il faut entrer en conseil. Est-ce l'attaque ou la retraite qui sera résolue ?

Le 17 janvier, à trois heures du soir, deux généraux, Billot et Bonnet, se rencontrent avec Bourbaki près de Couthenans, descendent de cheval et s'entretiennent un quart d'heure. Ce fut le quart d'heure qui décida peut-être des destinées de la France et de la paix du monde. En un quart d'heure tout est jugé : l'attitude de l'ennemi, la force de ses positions, les chances possibles du succès, les risques probables d'une défaite. Le succès est possible, l'échec est probable, mais l'épuisement des troupes est visible, les provisions manquent, un échec serait un désastre. Ce n'est pas pour eux que les généraux tremblent, c'est pour les cent mille vies qui leur sont confiées. Voilà notre dernière armée, voilà notre dernière ressource. On hésite encore. Mais non, il n'y a plus à hésiter. Il faut la sauver : les heures sont précieuses, et la fatale nouvelle n'est que trop certaine. Ce n'est plus seulement Werder à combattre, c'est Manteuffel à prévenir. Manteuffel est déjà en Bourgogne, et personne ne va à sa rencontre, personne ne songe à l'arrêter ! Manteuffel précipite sa marche pour coûper nos vivres, intercepter la route de Lyon, tomber sur nos soldats épuisés, et étouffer entre deux feux le dernier bataillon de la France aux abois. Retirons-nous les pleurs dans les yeux, le deuil dans l'âme ; sauvons la France par la retraite, puisque nous n'avons pu la sauver par la victoire. Tout est dit : Dieu ne l'a pas voulu !

Dieu ne l'a pas voulu, parce que nous ne le méritions pas. A qui avions-nous confié le soin de veiller sur les limites de cette province, et d'assurer nos derrières pendant cette fatale campagne ? Vous le nommez assez, cette chaire ne le nommera pas. Je dois taire devant les autels de mon Dieu et le tombeau de mes frères, un nom fatal à l'Italie aussi bien qu'à la France, et pour lequel l'Eglise, déchirée par ses mains, n'a plus que les larmes versées sur la croix. A qui nous étions-nous confiés, grand Dieu ! et comme le Ciel nous punit pour avoir, je ne dis pas accepté, mais souffert ces tristes services ? A l'arrivée de ce blasphémateur public qui s'est donné la mission de délivrer notre patrie, non pas de l'Allemand qui l'occupe, mais du prêtre qui l'honore et qui la sert, il avait fallu feindre la reconnaissance, commander l'enthousiasme, imposer silence à nos lois, absoudre le pillage des maisons religieuses, fermer les yeux sur l'enlèvement des pasteurs, vanter sans y croire les avantages les plus stériles, oublier les fautes les plus graves de stratégie et de discipline, entendre l'Allemand nous faire la leçon sur nos vaines espérances et sur nos petites victoires, et après quatre mois d'une confiance toujours croissante et toujours déçue, il faut apprendre que les trente-cinq mille hommes réunis sous un tel commandement n'ont pas arrêté un seul jour, une seule heure, entre la Bourgogne et la Franche-Comté, ces troupes fraîches que Manteuffel amène à marches forcées, des bords de la Loire et de la Sarthe, au secours de Werder assiégé dans ces murs. Ce n'est pas le soldat que j'accuse, c'est le chef. Le soldat est Français, il sait combattre, il sait mourir, pourquoi ne le menez-vous pas à l'ennemi ? Ah ! il faudrait à la tête de ce corps d'armée le geste, la parole, l'épée de la France, et je n'y vois que l'étranger et la révolution. Ce défenseur volontaire n'a rien défendu ; ce sauveur imaginaire a tout laissé perdre. On l'a averti, et il s'est obstiné à ne pas entendre. On lui a reproché son inaction, et il s'est retranché dans son ignorance. Quelques bataillons reçoivent l'ordre de le provoquer en passant, et le voilà qui s'applique à les poursuivre, sans s'apercevoir qu'ils masquent autour d'eux le mouvement de toute une armée. Pour la vanterie italienne, ce sera un triomphe, pour la tactique allemande un amusement, pour la cause française une ruine. Pendant que le conspirateur émérite repose à Dijon, la Côte-d'Or est franchie sur dix points différents, par des corps séparés qui inondent comme en un instant les plaines de Dole, le val d'Amour, la forêt de Chaux, les bords de l'Ognon et de la Saône. Nos chemins sont coupés, nos approvisionnements sont perdus, il ne nous reste plus que nos montagnes pour retraite, et Manteuffel les envahit au pas de charge en jetant derrière lui un regard ironique au héros qu'il a joué. Triomphez maintenant d'avoir préservé Dijon d'un redoutable assaut; vantez-vous d'avoir délivré la Bourgogne où l'ennemi ne fait que passer aujourd'hui parce qu'il a la certitude de s'y établir demain; huit jours après, la délivrance est une invasion, le sauveur n'a sauvé que sa personne, et il laisse à la Bourgogne comme à la Franche-Comté, l'Allemand pour maître, le mensonge pour excuse, le blasphème pour adieu. Ah! périsse le jour où il a mis le pied sur le sol de la patrie! Périsse le jour où ce pied a foulé le sol de cette province : *Excidat illa dies œvo!* Ce jour, je voudrais l'effacer de nos annales, car Dieu, ce jour-là, s'est retiré de nous. Avec de telles alliances, pouvait-on encore espérer la victoire? Le courage nous l'avait mérité, la mauvaise politique nous l'a fait perdre, Dieu ne l'a pas voulu (1).

Dieu ne l'a pas voulu, parce qu'il voulait imposer un terme à cette dictature qui épuisait nos forces, versait notre sang, décrétait la guerre à outrance et ne faisait triompher que l'outrance insolente de l'impiété et de la révolution.

Dieu ne l'a pas voulu, parce qu'il voulait nous apprendre à quelles extrémités la France peut être réduite, quand elle oublie sa vocation, quand elle abandonne le pape, quand elle s'allie aux ennemis de l'Eglise, quand au lieu du Dieu des armées elle invoque la fatalité et le destin.

Dieu ne l'a pas voulu, parce qu'il voulait nous mettre à l'école du

(1) On lit dans le *Journal de Genève* (15 février 1871) : « De toutes les causes stratégiques qui ont transformé en un véritable désastre la retraite de l'armée de l'Est, la plus désastreusement efficace a été la négligence vraiment incompréhensible avec laquelle les lignes de retraite de l'armée ont été abandonnées aux entreprises de l'ennemi. Un corps d'environ 50,000 hommes avait été laissé à Dijon pour arrêter au passage toutes les troupes venant de l'ouest et se dirigeant vers la ligne du Doubs. Au lieu de remplir ce mandat d'une importance capitale, l'armée de Dijon s'est laissé amuser pendant plusieurs jours par des corps d'observation qui se succédaient devant cette ville et offraient sur toutes les routes à la fois des simulacres de bataille. Pendant ce temps, le gros de l'armée du général Fransceki passait, sans être inquiété, à quelques lieues au nord de Dijon et venait s'emparer sans coup férir des positions les plus importantes: Dole, Quingey, Vaudrey, Byans, Salins, Mouchard, Arbois, Poligny. Si les 50,000 hommes laissés à Dijon avaient rempli la mission qui leur avait été confiée, l'armée de Bourbaki n'aurait pas trouvé le 24 janvier sa ligne de retraite coupée tout à la fois sur Dijon et sur Lyon. Les petites victoires remportées dans la Côte-d'Or, et dont on a fait tant de bruit, ont coûté cher à l'armée française de l'Est. Nous serions bien trompés si ce n'est pas là le jugement définitif de l'histoire. »

malheur et nous obliger à reprendre les traditions de la politique française, qui ne sont pas autre chose que les traditions de la politique chrétienne. Avant que le *Te Deum* revienne épanouir nos lèvres, il faut que ces lèvres superbes ne répugnent ni aux *Miserere* des grandes supplications, ni aux *Veni, sancte Spiritus* des délibérations solennelles et des conseils souverains. Soyez béni, mon Dieu ! cette leçon de politique chrétienne et française a été enfin entendue. La France a remis ses destinées aux mains de l'assemblée la plus religieuse qui nous ait représentés depuis quatre-vingts ans. Cette assemblée a décrété la prière publique, elle s'incline au nom de Jésus-Christ, elle vient d'être unanime pour publier dans les camps et dans les armées la loi sacrée du dimanche. C'est l'armée qui nous donnera l'exemple de la foi comme elle n'a cessé de nous donner l'exemple du courage. Le drapeau qui est à la prière ne tarde pas à être à l'honneur : courbez-le devant Dieu, il se redressera devant l'ennemi.

Vous l'avez vu s'éloigner le 18 janvier, au sortir de ce conseil fameux où la retraite fut résolue. La retraite est ferme, modeste et lente. On n'entamera le 20ᵉ corps ni à Tavey ni à Verlans.

A Tavey, la 2ᵉ et la 3ᵉ division se succèdent pendant la nuit et font voir deux nuits de suite que le Français veille sur ses lignes et sur son honneur. Regardez ces régiments qui s'éloignent avec tant de douleur et de fierté. Celui qu'on appelle aujourd'hui le 47ᵉ de marche porte un autre nom dans l'histoire. C'est la légion romaine que le colonel d'Argy a formée avec tant de zèle, que notre archevêque aimait à recruter lui-même et dont il s'est montré, avec autant de générosité que de noblesse, l'insigne bienfaiteur. Comme elle s'est bien battue à Villersexel ! Comme elle tient jusqu'au dernier moment à Byans et à Tavey ! Mais par quelle heureuse rencontre leur illustre aumônier, ce prêtre comtois si cher au pape, au soldat, à notre province, vient-il, au retour de son pèlerinage de Jérusalem, retrouver aujourd'hui sur ce champ de bataille les dernières traces de leur campagne et jeter l'eau sainte sur cette terre arrosée de leur sang (1) ! Disons-le bien haut, tels il les a vus sur les bords du Tibre, tels nous les avons admirés sur les bords de la Loire, de l'Ognon et de la Lizaine. Ce sont toujours les héros de Mentana, ce sont toujours les soldats du pape. Ils l'étaient hier, demain ils le seraient encore. Disons-le bien haut, que leur aumônier le redise au saint-père, et que ce témoignage, venu de si loin, mais apporté par une bouche si chère, mêle un peu de joie au calice dont le vicaire de Jésus-Christ épuise l'amertume avec une si lumineuse sérénité.

------

(1) Mgʳ Bastide, chanoine de Sainte-Marie-Majeure, protonotaire apostolique, camérier secret de Sa Sainteté, aumônier de la légion romaine,

A Verlans, la première matinée de la retraite est pour nos armes une journée glorieuse. Je vois plus de mille Prussiens se précipiter sur nos positions, gardées par les mobiles de la Haute-Garonne et de la Loire ; mais le 85ᵉ les a prévenus. Le colonel Godefroy, qui commande ce régiment, lance deux compagnies à leur poursuite. C'est un combat à la baïonnette, c'est une lutte corps à corps, c'est un de ces bonheurs que rêve le soldat français, et le commandant Ferrier, qui y trouve une blessure, ne songe pas à s'en plaindre. Sur un pareil terrain deux compagnies suffisent pour battre un millier d'Allemands. Le sol est jonché de morts et cinquante prisonniers restent entre nos mains. Quelle belle escorte pour ce drapeau qui se retire ! Comme il nous sied bien de répéter qu'il n'emporte pas une tache : *non inferamus crimen gloriæ nostræ.*

Il faut cependant en détacher nos yeux pour adorer les desseins de la divine Providence et accomplir les devoirs qu'elle impose au courage religieux et civil aussi bien qu'au courage militaire. Entrez dans ce conseil éternel où s'élaborent les desseins de miséricorde aussi bien que les desseins de justice, et bénissez Dieu qui a sauvé votre ville. Assez de sang, assez de pleurs avaient inondé notre sol. Assez de mères avaient pleuré sur leurs fils. Assez de prêtres avaient tremblé à l'autel, assez de vierges avaient gémi et prié dans le cloître. Résignons-nous à la retraite, acceptons l'armistice, jouissons de la paix. C'est à vous, cité d'Héricourt, qu'il convient de reconnaître avant tous les autres les soins maternels de la Providence. Encore un jour peut-être, et vous étiez ensevelie au milieu des flammes. Dieu ne l'a pas voulu : c'est ici que la foudre s'est éteinte, c'est au-dessus de vos têtes que l'ange exterminateur a remis son glaive dans le fourreau.

Vous voilà tout entiers aux devoirs de la charité. Quels legs affreux la guerre laisse entre vos mains : des morts inconnus semés çà et là dans la plaine et sur les coteaux, trois ambulances remplies de blessés et de malades, plus de pain, plus de vêtements, presque plus de remèdes, douze cents ouvriers sans nourriture et sans travail, six mois de chômage, une année de misère. N'importe, bénissons Dieu et relevons-nous à force de vertus. C'est la misère qui fera reluire le mérite de vos pasteurs, de vos magistrats, de vos religieuses et de vos médecins. Ils ont fait leur devoir, et leur modestie, qui m'écoute, ne veut de moi que cette louange. Toute la ville a fait son devoir, vos mobiles à Belfort, vos citoyens dans le conseil, vos femmes et jusqu'à vos enfants dans les ambulances. C'est vraiment une ville française, elle se lève tout entière le soir où l'on découvre le corps du sergent Lepault, elle prend des flambeaux et des torches, elle l'accompagne à l'église avec le recueillement d'un deuil national. Quand vous ne pouvez plus suffire à la tâche, voici l'école de médecine de Zurich avec toutes les ressources de la science et toutes les inspirations du dévouement. Elle s'offre, elle se donne, elle se prodigue à tous les malheureux, sans distinction de culte ni de nationalité; elle laisse dans cette ville les plus sympathiques souvenirs. Quand les pauvres et les blessés manquent de servantes, voici, comme au temps de saint Vincent de Paul, les dames les plus qualifiées du pays. Elles revêtent le tablier des ambulances, elles préparent les remèdes, elles refont la couche du soldat, elles tendent à des inconnus la main d'une sœur, non, ce n'est pas assez dire, elles ont pour eux le sourire, les paroles et les larmes d'une mère. Quand vos provisions s'épuisent, Lyon, Marseille, Lausanne, Genève, Londres, Saint-Pétersbourg, les renouvellent à l'envi. Quand votre bourse est vide, les Etats-Unis organisent pour vous de brillantes loteries, les princes de la maison de Bourbon donnent la main aux filles de la maison de Bragance pour quêter en votre faveur au Brésil, en Angleterre, en Belgique. La Belgique a ses Mérode, la Franche-Comté ses Grammont ; ces deux maisons deviennent pour nous de vrais couvents de charité ; le nom de Montalembert, qui les couronne, ajoute à toutes ces recommandations celle de l'éloquence ; la noble femme qui le porte a ému les deux mondes en leur peignant vos douleurs, elle a reçu l'or à pleines mains, elle l'a versé à pleines mains dans les deux Bourgognes. J'acquitte, en publiant toutes ces choses, la dette de la reconnaissance publique. Vos bienfaiteurs sont les mêmes qu'il y a trois siècles. Vous les reconnaîtrez plus longtemps encore à leurs hospices qu'à leurs palais. L'hospice de Luxeuil s'achève, quand le château de Villersexel s'abîme dans les flammes. La charité s'est vengée d'avance des outrages de la guerre et de la fortune. Bénissons Dieu, saluons les économes et les dispensateurs de ses bienfaits, entrons à force de reconnaissance dans le dessein si visible qu'il a de sauver la patrie par la solidarité de toutes les classes, la concorde de tous les sentiments, l'union de tous les cœurs.

Faisons notre devoir, nos morts ont fait le leur avec une incomparable magnanimité. Un jour, Démosthènes se leva au milieu de la Grèce assemblée, et il jura, par les grands morts et les grands souvenirs, qu'Athènes ne s'était pas trompée en livrant à Chéronée pour l'indépendance de la Grèce le combat où devaient échouer ses derniers efforts. « Oui, s'écria-t-il, si l'avenir eût été manifesté à tous, si tous l'avaient su d'avance, Athènes même alors n'aurait pas dû changer de conduite, pour peu qu'elle tînt compte de sa gloire, de ses ancêtres et de l'avenir. Il semble maintenant qu'elle ait échoué. C'est le sort commun des hommes quand les dieux l'ont ainsi voulu. Mais si Athènes eût abandonné sans combat tout ce que nos pères ont défendu au prix de tous les dangers, qui donc n'eût pas à bon droit couvert de son mépris les lâches conseillers auxquels elle eût obéi? Non, vous n'avez pas failli en vous risquant pour le salut et pour la liberté de la Grèce. Non, j'en jure par vos pères qui, à Marathon, offrirent leur poitrine à la mort, par ceux qui se sont rangés en bataille à Platée, par ceux qui ont combattu sur mer à Salamine et à Artémise, par tant de héros que la ville a ensevelis dans les tombeaux publics. Elle les a tous jugés dignes du même honneur, tous ont fait œuvre de gens de cœur, et pour la fortune, ils ont eu celle que les dieux ont voulue. »

Eh bien ! je viens, comme Démosthènes, le jurer au nom de cette assemblée si imposante et si belle où les défenseurs de Belfort se mêlent aux derniers restes de la bataille d'Héricourt ; au nom de ces prêtres, de ces soldats et de ces magistrats qui forment à nos morts un si magnifique cortége ; au nom de l'armée et au nom de la France ; au nom de tout le sang versé sur les bords de la Lizaine, et dont Bourbaki vous parle dans ses lettres (1) avec tant de foi, de patriotisme et de larmes ; je le jure, ce qu'ils ont fait, ces morts, il fallait le faire, nous le ferons nous-mêmes, s'il le faut, et nos derniers neveux le feront à leur exemple. Non, vous ne vous êtes point trompés en vous risquant pour le salut de tous. Non, par les grands noms de Clovis, de Charles Martel et de saint Louis, par vos pères qui ont combattu aux Pyramides et à Navarin, par vos compagnons d'armes dont les ossements victorieux blanchissent sur tous les rivages de l'Afrique, de la Crimée et de la Cochinchine, non, vous n'avez point failli à votre honneur et à votre devoir ; je vais plus loin que Démosthènes : non-seulement vous n'avez pas failli, mais vous nous avez glorifiés dans votre défaite, mais vous avez offert à Dieu un sacrifice agréable, mais vous avez racheté la France.

Elle a cru comme vous, elle s'est dévouée comme vous, elle a fait comme vous le sacrifice de sa vie à Dieu et à la France, cette humble religieuse d'Héricourt qui est morte en soignant vos blessures, et dont le cercueil a été déposé à côté du vôtre (2). Soyez bénis, jeunes soldats tombés dans la fleur de votre vaillance ; jeune religieuse, soyez bénie, vous êtes tombée dans la fleur de votre dévouement. Il est juste de rapprocher ces deux tombes ; allons les saluer des mêmes acclamations, couronnons-les des mêmes palmes, demandons-y d'une seule et même voix la grâce de la France.

C'est la grâce que j'implore, ô mon Dieu, au nom de ce sang répandu. La France est coupable, mais pesez dans la balance de votre équité éternelle tout le sang qui crie pour elle grâce, pitié, pardon. C'est le sang du fils de saint Louis et il a été versé sur l'échafaud ; c'est le sang de nos prêtres et de nos pontifes, et il a coulé par torrents dans nos rues et sur nos places ; c'est le sang de nos soldats, et il vient d'abreuver tous les champs de bataille ; c'est le sang de

(1) Lettre à M. le curé d'Héricourt.
(2) Sœur Marie Kostka, religieuse de la Charité à Héricourt.

nos religieuses, et nos ambulances, nos hospices, en exhalent partout la suave odeur. Laissez éteindre dans ce sang précieux les derniers éclats de votre justice. O Jésus, vous venez d'être notre juge ; ô Marie, soyez maintenant notre avocate, et la France, qui a reconnu votre Fils pour son maître à la clarté foudroyante de sa main, se sentant enlevée et bénie dans les bras de votre miséricorde, acclamera le Christ comme son roi, son sauveur et son Dieu.

BESANÇON, IMPRIMERIE DE J. JACQUIN.